Annette Weber

Warum seid ihr so gemein zu dem?

Verlag an der Ruhr

Kids

Impressum

Titel
KidS – Klassenlektüre in drei Stufen
Warum seid ihr so gemein zu dem? – Lesestufe 1

Autorin
Annette Weber

Titelbildmotiv und Illustrationen
Imke Stotz

Druck
Heenemann GmbH & Co. KG, Berlin, DE

Verlag an der Ruhr
Mülheim an der Ruhr
www.verlagruhr.de

Ab 8 Jahre

ISBN 978-3-8346-2722-3

Begleitendes Unterrichtsmaterial:
KidS – Literatur-Kartei:
„Warum seid ihr so gemein zu dem?“
3-fach differenzierter Lesebegleiter
ISBN 978-3-8346-2725-4
Oder als PDF unter www.verlagruhr.de:
ISBN 978-3-8346-2726-1

Das Sixpack

Franzi

Maddy

Yassin

Alena

Enno

Felix

Das Sixpack

„Maddy, guck mal!“

Franzi zeigte ihrer Freundin eine Kette.

Der Anhänger hatte einen Stern mit sechs Strahlen.

„Cool! Woher hast du den?“, fragte Maddy.

„Hat mein Vater im Internet gefunden“, erwiderte Franzi.

Nun kamen auch Yassin, Enno, Alena und Felix. „Der Stern ist ja toll.“ „Den will ich auch haben“, riefen sie.

So ein Stern war nämlich das Zeichen für die Freundschaft der sechs. „Sixpack“, nannten sie sich. Seit zwei Jahren waren sie unzertrennlich. Sie saßen zusammen. Sie spielten zusammen. Sie trafen sich in ihrem Baumhaus. Und in diesem Sommer wollten sie zusammen ins Zeltlager.

Nicht alle aus ihrer Klasse fanden das gut. „Gebt doch nicht immer so an mit eurem albernen Club“, sagte Wilma oft. „Du bist ja nur neidisch, weil du nicht dazugehörst“, meinte Yassin. Jetzt mischte sich Dennis ein: „Worauf soll sie neidisch sein? Auf eure Kindergartengruppe, die den ganzen Tag im Baumhaus sitzt?“ Dennis und Wilma ärgerten sich oft über das Sixpack.

Jetzt öffnete sich die Klassentür.
Die Lehrerin, Frau Kramm, trat ein.
Hinter ihr war ein großer, kräftiger Junge.
Er hatte rotblonde Haare.
Schnell rannten alle auf ihre Plätze.
Dann schauten sie sich den dicken Jungen genauer an.
Franzi fand, dass er komisch aussah:
Sein Gesicht war rund. Die Wangen waren rot.
Überall hatte er Sommersprossen.

„Das ist Patrick Pörtner“, sagte Frau Kramm. Dabei sprach sie den Vornamen wie Pätrick aus. „Er kommt neu in unsere Klasse.“

„Oh, mein Gott“, flüsterte Maddy, „hoffentlich sitzt er nicht vor uns. Dann kann ich bestimmt nicht mehr zur Tafel gucken.“

Franzi kicherte.

Frau Kramm sah sie streng an. „Franziska? Möchtest du etwas sagen?“

„Nein, nein“, winkte Franzi ab.

Frau Kramm wandte sich wieder dem Jungen zu: „Vielleicht erzählst du etwas über dich, Patrick?“ Der nickte.

„Also, ich bin Patrick Pörtner“, sagte er.

„Haben wir schon gehört“, meinte Felix.

„Felix!“, ermahnte ihn die Lehrerin.

Felix grinste Franzi zu. Dann blies er die Wangen auf. Franzi wusste, was er dachte: „Das ist eine dicke Plusterbacke.“

Und Franziska meinte das auch.

Patrick erzählte nun, dass er vorher an einer anderen Schule war. Aber da hatte es ihm nicht gefallen.

„Schon klar“, flüsterte Franzi ihrer Freundin zu, „wahrscheinlich konnte ihn da niemand leiden.“

Maddy gab leise zurück: „Der ist bestimmt nicht nur dick, sondern auch doof.“

„Patrick will hier an unserer Schule einen neuen Anfang machen“ sagte Frau Kramm. „Es wäre schön, wenn ihr ihm dabei helft. Zeigt ihm die Schule. Nehmt ihn mit in die Pause.“

Niemand sagte etwas. Niemand wollte sich um Patrick Pörtner kümmern.

Frau Kramm sah sich nun in der Klasse um. „Hm, wo können wir dich hinsetzen?“

Sie schaute auf die hintere Reihe. Hier saß das Sixpack.

Maddy ahnte sofort etwas.

„Hierhin kommt er nicht!“, rief sie.

„Maddy!“ Frau Kramm runzelte die Stirn.

Sie war jetzt wirklich ärgerlich.

Dann zeigte sie auf einen freien Tisch.

Er stand über Eck zu Franzi.

„Hier sitzt Fabian. Der ist seit einigen Tagen krank. Aber wenn er wiederkommt, hat er gleich einen netten Nachbarn.“

„Na, der wird sich freuen“, flüsterte Maddy.

Patrick schlurfte auf den freien Tisch zu. Dann ließ er sich auf den Stuhl fallen. Er saß jetzt fast direkt neben Franzi. Die ärgerte sich darüber. „Kann er sich nicht nach vorn setzen?“, fragte sie. „Dann können wir doch nichts sehen“, rief Yassin. „Der ist doch viel zu groß und zu …“ Yassin breitete seine Arme weit auseinander. „Zu breit“, sollte das heißen. Die anderen lachten. „Naja, der heißt ja auch Fettrick“, flüsterte Enno. Aber Frau Kramm hatte ihn verstanden. Sie sah ihn böse an. „Enno, das möchte ich nicht noch mal hören“, sagte sie. „Und nun zu den Hausaufgaben. Könnt ihr wiederholen, welche Wortarten es gibt?“

Der Unterricht begann. Franziska holte ihre Sachen aus der Tasche.

Frau Kramm verteilte Arbeitsblätter.

Alle Wortarten mussten in verschiedenen Farben angemalt werden. Die Nomen blau, die Verben rot, die Adjektive grün.

Franzi holte ihre Filzstifte heraus. Mist!

Das Rot war ausgetrocknet.

„Kann ich mal dein Rot haben?“, flüsterte sie Maddy zu.

„Ausgetrocknet“, antwortete Maddy leise.

Franzi seufzte. Das war ja wirklich blöd.

Jetzt sah Patrick zu ihr. Dann holte er ein Päckchen Filzstifte aus der Tasche.

„Bedient euch“, sagte er. „Ich habe bestimmt drei rote Stifte.“

„Nein, danke“, sagte Maddy.

„Nein, danke“, sagte auch Franzi.

Wie ein Dampfer?

„Tip – top – tip – top …“

Maddy und Franziska durften am nächsten Tag die Mannschaften für das Völkerballspiel wählen. Franziska gewann.

Sie rief: „Ich nehme Yassin.“

Yassin freute sich.

„Dann nehme ich Alena“, sagte Maddy.

Yassin und Alena waren die besten Spieler der Klasse.

„Dann nehme ich Felix.“

„Und ich Wilma.“

So wählten sie ihre Mannschaften.

Zuletzt blieb nur noch Patrick übrig.

Franzi durfte wählen.

Aber Patrick wollte sie nicht.

Zu Maddy sagte sie: „Den kannst du haben.“

„Nee, danke. Der gehört zu euch“, erwiderte Maddy.

Patrick sah jetzt traurig aus. Franzi bekam Mitleid. „Na gut, komm zu uns“, sagte sie schnell. Langsam trödelte Patrick zu ihrer Gruppe. Das Spiel begann. Maddy fing den Ball. Yassin wurde abgeworfen. Dann kullerte der Ball über das Spielfeld. Patrick bückte sich danach. Aber er schaffte es nicht, den Ball festzuhalten. Der Ball rollte zu Maddys Mannschaft. Alena schnappte ihn. Sie lief zur Linie und warf. Der Ball prallte auf Patrick. Von ihm sprang er weiter und knallte auf Franzis Kopf.

„Getroffen! Gleich zwei auf einmal!“, freute sich Maddy. Ihre Mannschaft jubelte. Zehn Minuten später hatte Franzis Mannschaft verloren. Franzi kochte vor Wut. Sie dachte: „Eigentlich ist Patrick an allem schuld. Er ist wie ein Dampfer. Allen hatte er im Weg gestanden. Der Name ‚Fettrick‘ passt wirklich.“

Wütend ging Franzi nach Hause. Dabei kam sie an dem kleinen Kiosk vorbei. Sie überlegte, ein paar Süßigkeiten zu kaufen. Vielleicht würde ihre Laune dann besser. Sie kaufte einen Schokoriegel, eine Waffel, eine grüne Gummischlange und einen Lolli. Dann ging sie langsam weiter. Ihre Laune besserte sich. Langsam öffnete sie den Schokoriegel.

Plötzlich hörte sie eine Stimme hinter sich: „Oh, was haben wir denn da Schönes?“ Franzi drehte sich um. Zwei große Jungen standen hinter ihr. Sie waren bestimmt aus dem Schulzentrum gekommen. „Ich will die Gummischlange“, sagte einer. Und der andere grinste: „Und ich den Schokoriegel.“ Und schon rissen sie Franzi die Süßigkeiten aus der Hand. „Spinnt ihr? Das sind meine Sachen!“, rief Franzi. Doch der Junge schubste sie weg. Franzi flog gegen die Mauer. Das tat weh. Jetzt wurde sie so richtig wütend. Die Jungen bemerkten das. Sie bauten sich vor ihr auf. Sie waren viel größer und auch älter als Franzi. Franzi wurde unsicher.

„Die Waffel wollen wir auch!“, sagte der eine.

Der andere meinte: „Und vielleicht hast du ja sogar ein bisschen Geld für uns.“

Franzi kochte vor Wut.

Aber sie hatte auch Angst.

„Franziska? Alles okay?“, sagte plötzlich eine Stimme. Es war Patrick Pörtner.

Er stand nun neben den Jungs.

Er war genauso groß wie sie.

Aber er sah stärker aus.

Nun fragte Patrick die beiden: „Was macht ihr mit meiner Schwester? Sind das ihre Süßigkeiten?“ Die Jungs sahen ihn unsicher an. Jetzt waren sie zwei gegen zwei. Franzi wurde wieder mutiger. Sie hatte nun Patrick auf ihrer Seite. Franzi zeigte auf ihn und meinte: „Der lernt Karate.“ Das wurde den Jungen zu gefährlich. „Schon gut!“, rief der eine. Er gab Franzi den Schokoriegel zurück. Auch der andere brummte: „Entschuldigung.“ Dann machten die Jungen sich aus dem Staub. Patrick und Franzi sahen ihnen nach. Patrick war erleichtert. „Gut, dass die das mit dem Karate nicht ausprobieren wollten“, sagte er.

Franzi schluckte. Der Schreck saß ihr noch in den Gliedern. Jetzt drehte sie sich zu Patrick um.

„Danke“, rief sie.

Dann lief sie schnell nach Hause.

Nicht mit uns

Am nächsten Tag trottete Patrick langsam zur Schule. Franzi erkannte ihn schon von weitem. Langsam setzte er einen Fuß vor den anderen.

Franzi dachte daran, dass sie nicht so nett zu ihm gewesen war. Das tat ihr jetzt leid.

„Ich sollte mich richtig bei ihm bedanken“, dachte sie.

Darum ging sie schneller. Bald hatte sie ihn eingeholt. Jetzt tippte sie ihm auf die Schulter.

Patrick drehte sich um.

„Hi!“, sagte Franzi.

„Hallo, Franziska“, rief Patrick überrascht.

„Kannst ruhig Franzi sagen. Gehst du auch zur Schule?“, fragte Franzi.

Dabei war das eine blöde Frage.

Aber etwas anderes fiel Franzi nicht ein.

„Ich habe jetzt ein ziemliches Stück zu gehen“, erklärte Patrick. „Wir wohnen weit draußen, noch hinter der Heidesiedlung.“ Die beiden gingen nun gemeinsam weiter. Franzi sagte: „Ich wollte mich noch mal bei dir bedanken. Du hast mir gestern echt geholfen.“ „Gern geschehen“, antwortete Patrick.

„Wie gut, dass du so groß und stark aussiehst“, sagte Franzi bewundernd.

„Naja, andere finden mich dick und fett“, seufzte Patrick traurig.

Franzi sagte schnell: „Ich finde dich nett und hilfsbereit.“

Es fiel ihr nicht so leicht, das zu sagen.

Wie würden die Sixpack-Freunde das finden?

Yassin, Felix, Alena, Enno und Maddy standen am Schultor. Sie starrten Patrick und Franzi fassungslos an.

„Hallo! Ihr seid ja ein schickes Paar“, grinste Enno.

Franzi wurde rot.

„Hallo“, sagte Patrick.

Er merkte, dass Franzi verlegen war.

Darum rief er schnell: „Bis nachher.“

Dann ging er über den Schulhof.

„Bis nachher?“, wiederholte Maddy. Sie sah Franzi an und fragte: „Was ist denn mit dir los? Bist du jetzt mit dem Dicken befreundet?“

Die anderen lachten.

„Nein“, rief Franzi automatisch.

Dann verbesserte sie sich. „Oder doch!“

Alle starrten sie nun verwundert an.

Franzi erklärte: „Er hat mir gestern total geholfen. Ich wurde von zwei Jungen überfallen.“

Und dann erzählte sie dem Sixpack die ganze Geschichte mit den großen Jungen.

„Patrick hat so getan, als wäre er mein Bruder. Und weil er so groß und stark aussieht …“

„Du meinst, so dick und fett“, unterbrach Maddy.

Jetzt wurde Franzi wütend. Sie sagte: „Der ist echt nett! Wenn er nicht gewesen wäre …“

„Und jetzt hast du dich in ihn verknallt“, spottete Maddy.

Franzi schubste sie. „Quatsch!“, rief sie. „Warum sagst du so was? Er hat mir geholfen.“

„Ist ja gut“, meinte Maddy. Sie wollte nicht mehr darüber reden.

Darum redeten sie nun über etwas anderes. Aber es war nicht mehr wie früher.

Franzi und Maddy hatten sich noch nie gestritten. Sie waren immer die besten Freundinnen.

Franzi war irgendwie traurig.

Warum seid ihr so gemein zu dem?

In der großen Pause gingen Yassin und Felix zu Patrick. Sie redeten mit ihm. Patrick lachte und sah gar nicht mehr so niedergeschlagen aus. Jetzt fühlte sich Franzi wieder froher.

Nach der Schule ging sie mit Patrick nach Hause.

„Hast du heute Zeit?“, fragte Patrick.

„Natürlich“, sagte Franzi.

Da verabredeten sie sich für ein Treffen auf dem Marktplatz.

Mit Patrick im Baumhaus

Franzi und Patrick gingen jetzt jeden Morgen ein Stück des Schulwegs gemeinsam. Dabei erzählte Franzi vom Baumhaus des Sixpacks. Hier trafen sie sich immer.
Patrick wollte es unbedingt kennenlernen. Schließlich führte Franzi Patrick in den Garten von Alenas Großeltern. Dort befand sich das Baumhaus.

Der Weg war anstrengend für Patrick. „Komm. Noch ein kleines Stück! Gleich sind wir da!“, rief Franzi ihm zu. Patrick schwitzte. Er rief: „Ich bin schon so gespannt, wie das Baumhaus aussieht.“ Eigentlich hatte Franzi ein schlechtes Gewissen. Es war immerhin der Treffpunkt des Sixpacks. Sie überlegte: „Ob die anderen etwas dagegen haben, wenn ich Patrick das Baumhaus zeige? Aber er wünscht es sich so. Und er ist in der letzten Woche so nett zu mir gewesen.“ Das Baumhaus hatte eine lange Leiter. Sie führte auf eine Plattform. Von hier konnte man in den Garten schauen. Ein Seil führte von einer anderen Plattform nach unten. Das benutzte man als Rückweg. Als Franzi nun mit Patrick unter dem Baumhaus stand, wurde ihr doch mulmig.

„Alena? Maddy? Yassin? Ist einer von euch da?“, rief sie. Niemand antwortete.

Franzi war erleichtert. Jetzt konnte sie Patrick das Baumhaus zeigen. Niemand vom Sixpack würde es bemerken.

„Komm mit!“, sagte sie. „Wir müssen nur die Leiter hinauf.“

„Die lange Leiter?“, fragte Patrick.

Er sah jetzt ängstlich aus.

Franzi ermutigte ihn. „Das ist gar nicht so hoch! Am Anfang hatte ich auch Angst. Aber es ist leichter, als du denkst.“

Patrick biss sich auf die Lippen. Dann kletterte er langsam die Leiter hinauf. Franzi lachte: „Na, siehst du? Ist wirklich nicht schwer.“ Endlich war Patrick am Ende der Leiter angekommen. „Und jetzt?“, fragte er. „Jetzt musst du auf die Plattform klettern“, sagte Franzi. Patrick hatte zuerst Angst. Dann aber krabbelte er auf allen Vieren auf die Plattform. „Na bitte. Geht doch!“, rief Franzi. Langsam stand Patrick auf. Er sah sich um. „Das ist ja toll hier!“, rief er. „Total gemütlich!“ „Yassin hat sich sogar zwischen den Zweigen eine Hängematte gebaut“, sagte Franzi. Sie zeigte sie Patrick.

Plötzlich bekam sie einen Schrecken. Das Sixpack radelte den Kirchweg entlang. Sie waren auf dem Weg zum Baumhaus. „Patrick, es ist besser, wenn wir jetzt gehen“, rief Franzi erschrocken. „Da hinten kommen meine Freunde. Ich weiß nicht, ob sie es gut finden, wenn sie uns hier sehen.“

Patrick verstand sie sofort. Er stimmte zu: „Klar. Lass uns besser gehen. Sonst kriegst du noch Ärger.“

Franzi war erleichtert, dass er das verstand.

Sie sagte: „Also gut. Ich zeige dir mal, wie es geht.“

Sie nahm das Seil in die Hände. Jetzt stieß sie sich von der Plattform ab. Dann rutschte sie am Seil auf die Wiese hinunter.

Patrick sah ihr nach.

„Los, komm!“, rief Franzi.

Patrick stand eine Weile am Rand der Plattform. Er schaute in die Tiefe.

„Ich kann nicht“, sagte er dann.

Schnell kletterte Franzi die Leiter wieder hinauf.

Sie rief: „Dann klettere hier herunter“ und zeigte auf die Leiter.

Aber Patrick traute sich auch das nicht.

„Es ist so verdammt hoch“, jammerte er.

Franzi geriet jetzt in Panik. Wenn die anderen sie sahen, würde es bestimmt Ärger geben. „Du musst dich nur herumdrehen“, sagte sie. Aber Patrick regte sich nicht. Jetzt hörte Franzi, wie die anderen kamen. Sie sah Maddy unter der Leiter. Sie rief: „He, Franzi! Bist du da? Ich dachte schon, du hängst nur noch mit dem Dicken ab!“ Franzi bekam einen großen Schrecken. Sie sah zu Patrick. Der war ganz rot geworden. Jetzt kam Maddy die Leiter hinauf. Franzis Herz klopfte. Nun blickte Maddy über den Rand der Plattform. Sie sah Patrick an. Dann verschwand das Lächeln aus ihrem Gesicht.

Geheimnisverrat?

Ein Sixpack-Mitglied nach dem anderen kam die Leiter hinauf.

Sie starrten Patrick und Franzi feindselig an.

„Was macht der denn hier?“, fragte Felix.

Franzi sagte so ruhig wie möglich: „Ich habe ihm gezeigt, wo wir uns immer treffen.“

Maddy wurde jetzt sehr wütend.

„Das kann doch nicht wahr sein!

Was fällt dir ein?“, rief sie.

Yassin lachte. „Maddy, mach doch nicht so ’ne Welle. Das ist doch kein Geheimnis.

Jeder weiß doch, dass wir uns hier treffen.“

Franzi war froh, dass er das sagte.

Patrick sagte unglücklich: „Ich wollte euch ja nicht stören. Ich wollte mir nur mal das Baumhaus angucken. Ich habe noch nie ein Baumhaus gesehen. Es ist toll.“

„Na, dann kannst du ja nun auch wieder abhauen“, zischte Enno.

Patrick schluckte. „Ich wäre ja schon lange weg.“

„Aber?“, fragte Maddy wütend.

Patrick piepste kleinlaut: „Ich trau mich nicht zurück.“

Maddy sah von Franzi zu Patrick.

Dann rief sie: „Oh nein! So eine Memme! Hier, Schwabbel, ich zeig dir, wie es geht!“

Sie stellte sich an die Plattform. Dann nahm sie das Seil und rutschte in den Garten.
„Hier, so geht das!“, wiederholte Alena.
Auch sie rutschte an dem Seil herunter.
„Und ich zeig es dir auch noch mal, falls du es immer noch nicht kapiert hast, Fettsack!“, rief nun auch Enno.
Auch er rutschte am Seil in den Garten.
Felix sagte nichts. Aber er folgte den anderen.
Dann gingen die Freunde fort.
Franzi ärgerte sich. „Warum sind die so gemein?“, dachte sie.
Patrick hatte jetzt noch mehr Angst.
Er jammerte: „Ich traue mich das einfach nicht.“
Zum Glück wusste Yassin Rat.
„Komm, wir rutschen als Tandem“, schlug er vor.
„Oder im Dreierpack“, sagte Franzi.
Sie nahmen Patrick in die Mitte.
Dann sprangen sie mit dem Seil ab.

Patrick war ganz grün im Gesicht. Aber er schaffte es. „Vielen, vielen Dank. Ohne euch hätte ich das nie geschafft“, sagte er erleichtert. Er sah sich um. „Sind die anderen weg?“ Franzi nickte: „Sie waren ziemlich sauer.“

„Das Baumhaus gehört eben uns Sixpacks“, erklärte Yassin. Patrick sagte: „Ist doch klar. Ich will euch ja auch gar nicht stören. Ich will gar kein Sixpack werden oder so. Ich würde mich einfach freuen, wenn einer Zeit für mich hat.“ Leise fügte er hinzu: „An der alten Schule hatte ich nie einen Freund.“ „Klar können wir mal was zusammen machen“, sagte Yassin. Franzi fand das sehr lieb von ihm. Plötzlich hatte Patrick eine Idee. „Habt ihr Lust, mit zu mir zu kommen? Wir haben einen Bauernhof hinter der Heidesiedlung. Wir haben Hühner und Ziegen. Vielleicht kriegt unsere Ziege Paula sogar heute Junge.“

Franzi war ganz begeistert.

„Ich habe noch nie gesehen, wie ein Tier Junge bekommen hat“, rief sie.

„Dann kommt mit!“

Das ließen sich Franzi und Yassin nicht zweimal sagen.

Geheime Gespräche

Am nächsten Morgen setzte sich Franzi wieder neben Maddy.

Aber Maddy rückte ein Stück weg.

Sie rief: „Setz dich doch neben Patrick!“

„Ach, Maddy! Hör doch auf, rumzuzicken! Du bist doch meine Freundin!“, rief Franzi.

„Mir ist das nicht so klar“, meinte Maddy. „Gestern im Baumhaus …“

Franzi wollte Maddy erklären, dass sie sich nur um Patrick kümmern wollte.

Doch da stolperte Patrick in die Klasse.

Irgendjemand hatte ihn von hinten angerempelt.

„Morgen“, grüßte er, als ob nichts gewesen wäre.

„Morgen, Patrick“, sagte auch Franzi.

Sie hatte den Vorfall wegen Maddy gar nicht bemerkt.

Da drehte sich Maddy weg, stand auf und ging zu Alena. Die beiden flüsterten. Sie sahen Franzi nicht an. Aber Franzi wusste, dass sie über sie redeten. Das machte sie traurig. Sie wollte so gern Maddys Freundin bleiben. Aber sie wollte auch, dass Patrick Freunde hatte.

Jetzt setzte sich Maddy doch zu Franzi. Franzi flüsterte ihr zu: „Bitte, Maddy, lass uns doch einfach wieder Freunde sein. Ist doch albern, wenn wir uns wegen Patrick zerstreiten.“

Maddy nickte. Dann fragte sie: „Kommst du nachher zum Baumhaus? Aber ohne den dicken Fettrick?“
„Er heißt Patrick“, verbesserte Franzi. Dann versprach sie Maddy, nach der Schule zum Baumhaus zu kommen.
Schnell schrieb sie ihrer Mutter eine SMS. Sonst würde sie sich noch Sorgen machen.

Die Schule war zu Ende.
Patrick wartete wie immer auf Franzi.
Aber Franzi rief ihm zu: „Heute gehe ich nach der Schule zum Baumhaus. Ist doch okay, oder?“
„Klar“, erwiderte Patrick. Aber ein bisschen enttäuscht war er schon. Trotzdem sagte er: „Ist doch logisch, dass du dich mit deinen Freunden treffen willst.“
„Vielleicht sehen wir uns am Samstag“, sagte Franzi.

Dann lief sie zu ihrem Fahrrad. Enno und Maddy warteten schon. Traurig trottete Patrick allein über den Schulhof. Er wollte jetzt in Ruhe nachdenken. Darum ging er erst mal zur Toilette. Er betrat eine Kabine und schloss sie ab. Das kleine Fenster der Kabine ging zum Hof. Es stand offen.

Plötzlich hörte Patrick eine Stimme. Ein Junge sagte: „Ich kann die echt nicht ab. Die sind so eingebildet.“ Nun erwiderte ein Mädchen: „Sixpack! Wenn ich das schon höre. Sie geben so schrecklich an.“ „Und ewig erzählen sie von dem Baumhaus“, sagte der Junge. Patrick lauschte. Wer redete da?

Er linste durch das Fenster. Draußen sah er Dennis und Wilma aus seiner Klasse.

Wilma sprach jetzt ganz leise: „Ich habe ihnen einen Streich gespielt."

„Echt? Was denn?", wollte Dennis wissen.

Wilma flüsterte:

„Ich habe das Seil losgemacht."

„Was für ein Seil?", wollte Dennis wissen.

Patrick wusste, welches Seil sie meinte.

„Die haben doch so ein Seil am Baumhaus", erklärte Wilma.

„Ich habe den Knoten gelockert."

Dennis rief erschrocken:

„Ist das nicht gefährlich?"

„Ach was!", beruhigte ihn Wilma. „Dann fallen sie mal ordentlich auf ihren Hintern!"

Patrick bekam einen riesigen Schrecken.

Das Baumhaus war drei Meter hoch.

Wenn man da runterfiel, konnte das gefährlich werden.

Dennis lachte jetzt. „Das hast du wirklich gemacht? Dann kommen sie Montag bestimmt mit blauen Flecken zur Schule."

„Aber verpetz mich nicht!"

„Quatsch!"

Patrick saß wie erstarrt auf der Toilette.

Das war ja echt gefährlich.

Er musste das Sixpack warnen!

Wilma und Dennis entfernten sich nun.

Jetzt sprang Patrick auf. Er lief aus der Toilette. Dann nahm er sein Handy und wählte Franzis Nummer. Aber sie ging nicht dran. „Der Teilnehmer ist im Moment nicht zu erreichen“, sagte eine Frauenstimme. Patrick fluchte leise. Er hatte keine Wahl! Er musste zum Baumhaus laufen. So schnell wie möglich. Aber schnell zu laufen fiel ihm wirklich schwer.

Unterwegs fiel ihm seine Mutter ein. Sie wartete doch mit dem Essen auf ihn. Schnell zog er wieder das Handy aus der Tasche. Er lief und wählte gleichzeitig. „Patrick? Bist du’s?“, fragte seine Mutter. Patrick schnaufte: „Ja. Wollte nur sagen, dass ich später komme.“

„Warum? Wo bist du? Was hast du vor?“, fragte seine Mutter aufgeregt.

Aber Patrick konnte ihr jetzt nicht alles erklären.

„Ich muss gerade mal ein paar Leute retten“, japste er. „Die sind in großer Gefahr.“

„Was? Was redest du da?“, rief seine Mutter verwundert.

„Bis nachher“, keuchte Patrick.

Dann legte er auf.

In letzter Sekunde

Das Handy klingelte wieder. Patrick ließ es klingeln. Er hatte jetzt keine Zeit.

Da war endlich der Garten mit dem Baumhaus. Patrick lief über die Wiese.

„Ich glaub es nicht!“, stöhnte Maddy, als sie ihn sah.

Alena ärgerte sich: „Den werden wir wohl nie mehr los!“

„Und das alles nur, weil du ihm das Baumhaus zeigen musstest“, meinte Enno zu Franzi.

Franzi murmelte unglücklich: „Ich habe ihm doch gesagt, dass ich keine Zeit habe.“

„Das hat er wohl nicht kapiert“, meinte Maddy. Sie ging zum Seil hinüber. „Also, wenn ihr mich fragt, ich bin weg!“, sagte sie.

„Nein!“, schrie Patrick nun. „Mach das nicht!“

„Was hat er?“ wunderte sich Felix.

„Der tickt nicht mehr richtig“, gab Maddy zurück.

„Wartet mal!“, rief Yassin. „Der hat irgendwas. Hört doch mal.“

„Passt auf!“, schrie Patrick. „Das Sss… “

Er war nicht zu verstehen.

Franzi merkte, wie aufgeregt Patrick war.

Sie stellte sich neben Maddy auf die Plattform. „Wartet lieber hier!“, sagte sie. „Ich glaube, es ist etwas mit dem Baumhaus.“ Aber Maddy wollte nicht warten. Sie wollte das Seil greifen. Doch da war Patrick am Baumhaus angekommen. Er riss an dem Seil und es löste sich vom Ast. Maddy wäre vor Schreck beinahe von der Plattform gefallen. Sie schrie: „Was ist das denn? Willst du uns umbringen? Ich wäre beinahe runtergefallen.“ „Jemand hat den Knoten losgemacht!“, schrie nun Patrick. Da brach Panik aus. „Ich komme mal zu euch hoch!“, rief Patrick. Und dann schnaufte er die Leiter hinauf. Als er oben war, war er fix und fertig. Er japste: „Beinahe wärt ihr runtergefallen.“

Maddy war nun ganz blass geworden.
Sie stand immer noch an der Plattform und starrte in die Tiefe. „Wieso … warum … oh, mein Gott!“, murmelte sie immer wieder.
Patrick musste sich erst mal setzen.
Dann leerte er eine ganze Flasche Wasser in einem Zug.
Endlich bekam er wieder Luft und erzählte die ganze Geschichte.
Als er fertig war, schwiegen alle.
„Danke!“, sagte Maddy schließlich leise.
Sie schaute noch einmal in die Tiefe.
„Wenn ich mir vorstelle …“

„Vielleicht wäre es nicht so schlimm gewesen“, überlegte Patrick. „Wilma und Dennis meinten, man würde langsam nach unten rutschen.“

„Na, da wäre ich nicht so sicher“, meinte Enno.

Patricks Handy klingelte. Patrick schaute auf das Display. „Meine Mutter“, sagte er. Er nahm das Gespräch an. „Hallo, Mama“, sagte er. „Alles in Ordnung. Ich komme gleich nach Hause.“ Dann lauschte er und lächelte. „Wirklich? Oh, wie toll!“, sagte er. Dann legte er auf.

„Was ist denn passiert?“, wollte Franzi wissen.

Patrick erzählte: „Paula hat ihre Jungen bekommen. Zwei Stück.“

„Wer ist Paula?“, fragte Alena.

„Eine von unseren Ziegen“, lächelte Patrick.

„Können wir uns mal die Zicklein anschauen?“, fragte Maddy.

Patrick strahlte: „Klar. Aber erst morgen.“ Dann verzog sich sein Gesicht. „Jetzt muss ich erst mal die Leiter nach unten schaffen.“

„Kein Problem!“, rief Yassin. „Wir helfen dir.“

Freundschaft

Am nächsten Tag führte Patrick die Kinder auf den Bauernhof. „Seid schön leise“, flüsterte Frau Pörtner.

„Es sind Paulas erste Zicklein. Vielleicht hat sie Angst, dass ihr sie wegnehmt.“

Aber Paula war nicht ängstlich.

Das Sixpack streichelte sie.

Patrick fragte: „Dürfen wir uns mal deine Babys anschauen?“

Paula ließ es zu. Franzi und Maddy nahmen ein kleines Zicklein auf den Arm.

Plötzlich sagte Maddy zu Patrick: „Patrick? Ich wollte mich bei dir entschuldigen. Ich war ziemlich gemein zu dir.“

„Schon okay“, murmelte Patrick.

„Ich hab auch immer so gehässige Sachen zu dir gesagt. Das tut mir wirklich leid“, fuhr Maddy fort.

Franzi fand es toll, dass Maddy so mutig war, sich zu entschuldigen.

Aber Maddy war noch nicht fertig: „Ich hab einfach nicht nachgedacht. Und außerdem wollte ich nicht, dass Franzi so viel Zeit mit dir verbringt. Sie ist doch meine beste Freundin.“

Patrick erklärte jetzt: „Ich wollte dir Franzi gar nicht wegnehmen. Aber sie war die Einzige, die nett zu mir war.“

Die anderen verstanden ihn jetzt gut.

„Es war doof, dass du gleich so eifersüchtig warst, Maddy“, sagte Yassin. „Franzi kann doch mit Patrick befreundet sein und dich trotzdem als Freundin haben.“

„Ich habe ja auch noch andere Freunde als euch“, sagte Felix. „Meine Fußballfreunde.“

Franzi sah Maddy an. Sie konnte ihre Freundin trotz allem ganz gut verstehen. Die beiden waren eben immer ganz enge Freundinnen gewesen.

„Ich wollte Franzi für mich allein haben. Das war wirklich doof von mir“, gab Maddy zu.

„Aber deswegen muss man ja nicht gleich Fettrick oder Schwabbel sagen. Das ist echt gemein“, sagte Yassin.

Maddy war kurz vorm Weinen.

„Ich weiß ja. Tut mir ja auch leid“, sagte sie.

Enno murmelte: „Ich war genauso gemein. Und andere aus unserer Klasse auch. Entschuldigung.“

Alena ergänzte: „Wir machen das nicht mehr. Und wir helfen dir auch, wenn andere dich ärgern.“

Patrick war richtig überrascht.
„Ich finde es mutig von euch, dass ihr euch entschuldigt“, brummte er.

„Und jetzt gehen wir zum Baumhaus und machen das Seil wieder fest“, schlug Franzi vor.
„Dann machen wir uns einen gemütlichen Nachmittag“, sagte Enno.
„Und wir bringen dir das Abseilen bei“, rief Maddy.

Patrick winkte ab: „Bitte nicht. Ich will lieber in der Hängematte liegen!“

„Besser nicht!“, brüllte Yassin. „Die hält nur hundert Kilo aus!“

Patrick lachte laut. Dann boxte er Yassin freundschaftlich in die Seite.

Über die Autorin

Hallo!
Ich freue mich sehr, dass du mein Buch „Warum seid ihr so gemein zu dem?“ gelesen hast. Ich habe es nämlich total gern geschrieben.
Mein Name ist Annette Weber. Ich lebe mit meiner Familie in Bad Lippspringe, einer kleinen Stadt in Nordrhein-Westfalen. Seit fast 30 Jahren schreibe ich Bücher für Kinder und Jugendliche. Früher habe ich auch noch als Grundschullehrerin gearbeitet, aber seit zehn Jahren schreibe ich nur noch. Meinen Beruf liebe ich über alles. Wenn die Tastatur meines Computers klappert, bin ich richtig glücklich.

Es würde mich sehr interessieren, wie dir mein Buch gefallen hat. Hast du Lust, mir zu schreiben?
Ich antworte auch ganz bestimmt.
Schreib einfach an den

Verlag an der Ruhr / Annette Weber
Postfach 102251
45422 Mülheim an der Ruhr

Viele liebe Grüße

Annette Weber

Wenn andere gemein sind

Jeder streitet sich mal. Und jeder hört mal einen blöden Spruch oder wird mal gehänselt.
Manche Kinder werden aber immer wieder von anderen ausgegrenzt, ausgeschlossen und gemein behandelt. Das kann mit Gewalt oder bösen Worten geschehen. Manchmal werden Sachen versteckt oder es werden im Internet Beschimpfungen oder Lügen gepostet oder das Kind wird einfach wie Luft behandelt. Das nennt man dann Mobbing.
Der Unterschied zwischen einem Streit und Mobbing ist, dass sich mehrere gegen einen zusammentun und dass sie ihn über einen längeren Zeitraum schikanieren. Oft werden die Gemeinheiten dabei immer größer und das Kind, das gemobbt wird, immer hilfloser. Denn egal, was das Kind tut, die anderen hören einfach nicht auf.
Viele Kinder schämen sich dann und trauen sich nicht, anderen etwas von den Gemeinheiten zu sagen.
Patrick in diesem Buch hatte Glück, dass Franzi schnell auf seiner Seite war, denn Freunde sind eine Riesenhilfe gegen Mobbing.
Aber was kannst du tun, wenn du gemobbt wirst oder feststellst, dass anderen Kindern so etwas passiert?

Wenn du selbst das Gefühl hast, gemobbt zu werden:

- Lass dir keine Schuldgefühle machen. Du bist nicht schuld daran, dass andere gemein zu dir sind.
- Versuche, ruhig und gelassen zu bleiben. Wenn dich zum Beispiel jemand „Fettsack" nennt, könntest du sagen: „Ich bin vielleicht dicker als du, aber ich beschimpfe andere nicht."
- Sage den Kindern, die gemein zu dir sind, ganz deutlich, dass sie aufhören sollen. Wenn du weißt, wer der Anführer der Gruppe ist, sprich direkt mit ihm oder ihr.
- Sprich darüber mit einer oder mehreren Personen, denen du vertraust: Eltern, Lehrern, Freunden, Verwandten. Trau dich, auch, wenn du lieber nichts sagen würdest!
- Wenn du von Schulkameraden gemobbt wirst, musst du mit deinem Lehrer oder deiner Lehrerin sprechen.
- Hilfe findest du auch bei Organisationen. Hier einige Adressen, an die du dich wenden kannst:
  - **Die Nummer gegen Kummer: 0800 111 0333** (Festnetz) oder **116 111** (Handy), Montag bis Samstag, 14 bis 20 Uhr
    Aus Österreich: 0800 567 567, rund um die Uhr
    Aus der Schweiz kannst du bei **pro juventute** anrufen: **Notruf 147** (Handy und Festnetz), rund um die Uhr

- Auf der Seite **www.nummergegenkummer.de** kannst du eine anonyme E-Mail-Beratung bekommen. Die Bearbeitung kann einige Tage dauern.
- **Telefonseelsorge: 0800 111 0 111** (Angebot der evangelischen Kirche) oder **0800 111 0 222** (Angebot der katholischen Kirche) – deutschlandweit rund um die Uhr. Hier kann jeder anrufen, du musst nicht zur Kirche gehören.
- Weitere Infos und Hilfsangebote findest du unter: **http://mobbing-schluss-damit.de**

Alle Telefonnummern sind **kostenlos** und du kannst **anonym** bleiben, du musst also deinen Namen nicht sagen.

Wenn du beobachtest, dass andere gemobbt werden:

- Schau nicht einfach zu, zeige dem Opfer, dass du auf seiner Seite bist.
- Bitte andere Kinder um ihre Unterstützung. Gemeinsam könnt ihr den Kindern, die mobben, besser zeigen, dass ihr das nicht gut findet.
- Suche dir Hilfe von Erwachsenen (Lehrern, Eltern, Gruppenleitern …).

Inhalt